NOUVEAUX

ENTRETIENS SPIRITES

SUIVIS DE

LA VIE DANS LA LUMIÈRE ET DANS L'AMOUR

PAR

Les Auteurs des Origines et des Fins

———

Prix : UN FRANC

———

PARIS

LIBRAIRIE DES SCIENCES PSYCHIQUES

Paul LEYMARIE, éditeur

42, RUE SAINT-JACQUES, 42

—

1907

NOUVEAUX
ENTRETIENS SPIRITES

Les Mêmes médiums ont obtenu deux volumes précédents celui-ci :

I. — LES ORIGINES ET LES FINS

cosmogonie sous la dictée de trois dualités différentes.   **2 fr.**

II. — ENTRETIENS SPIRITES

suivis des plans de l'Espace. . . . . **2 fr.**

Ces deux ouvrages pris ensemble. . . . . **3 fr.**

———————

SAINT-AMAND, CHER. — IMPRIMERIE BUSSIÈRE

NOUVEAUX

ENTRETIENS SPIRITES

SUIVIS DE

LA VIE DANS LA LUMIÈRE ET DANS L'AMOUR

PAR

Les Auteurs des Origines et des Fins

———

PARIS

LIBRAIRIE DES SCIENCES PSYCHIQUES

Paul LEYMARIE, éditeur

42, RUE SAINT-JACQUES, 42

—

1907

PRÉFACE

Nous conformant au désir de nos amis de l'Espace qui ont bien voulu mettre à notre portée les premiers éléments de la science divine, nous livrons à la publicité ces « nouveaux Entretiens » qui renferment de précieux aperçus et de consolantes révélations.

Nous espérons que les lecteurs y trouveront ce que nous y avons trouvé nous-mêmes : une lumière plus vive pour éclairer leur route, une force plus grande pour supporter leurs épreuves, un stimulant nouveau pour exciter, dans leurs cœurs, les élans de la charité et du véritable amour.

Aux jours troublés que nous traversons, qui ne sont malheureusement que le prélude d'un avenir plus sombre encore, les appels de nos Instructeurs invisibles se font plus énergiques et plus pressants.

Avec insistance ils engagent les médiums à développer leurs facultés et à faire usage de leurs pouvoirs naissants pour le bien général de l'humanité.

Ils disent à ceux qui savent d'instruire leurs frères ignorants; à ceux qui voient de guider les pas chancelants des aveugles ; à ceux qui entendent de faire connaître à tous les conseils et les avertissements qui leur sont donnés.

Ils nous apprennent que le rôle des véritables médiums consiste à servir d'intermédiaires entre les âmes prisonnières dans la chair et les groupements supérieurs de leurs Dualités respectives.

C'est par leur canal que la lumière céleste pénètre dans les intelligences obscurcies par la matière et que l'amour divin réchauffe les cœurs glacés.

Dévoilant l'avenir, ils nous disent que, plus tard, sur la terre régénérée, à l'instar des anciennes civilisations qui florissaient sur les continents disparus, les seuls conducteurs de peuples seront les médiums puissants auxquels la nature aura livré ses mystérieux secrets.

Tout à la fois prêtres et rois, médecins de l'âme et du corps, lisant à livre ouvert dans les pensées et dans les consciences, ils ne s'emploieront que pour le bien particulier de chacun et le progrès général de la collectivité.

Ils ajoutent que tel sera le rôle des médiums de l'avenir en attendant que leur savoir plus étendu et leur pouvoir amplement développé leur permettent d'atteindre à ce résultat merveilleux : faire communiquer la grande famille terrestre avec toutes les autres familles humaines éparses sur les mondes de la création.

Les Médiums
des trois Dualités de l'Espace.

Lyon, février 1906

NOUVEAUX
ENTRETIENS SPIRITES

PREMIÈRE SÉRIE

PREMIER ENTRETIEN

Amis, nous allons reprendre la série de nos entretiens afin de vous donner quelques aperçus sur la vie qui vous anime. Ces aperçus contribueront à satisfaire la .curiosité qui s'éveille chez quelques-uns d'entre vous et les guideront dans leurs recherches.

Ce nouvel enseignement complétera nos enseignements précédents. La lumière qui s'en dégagera vous apprendra à vous connaître vous-mêmes. Elle vous aidera à vous défaire des illusions trompeuses de la vie matérielle pour n'accepter que les réalités de la vie libre et supérieure.

Nous allons d'abord ensemble étudier la vie dans ses origines et dans ses trois grandes divisions : *Vie*

1*

inférieure ou inorganique qui se développe dans le règne minéral et dans le règne végétal. *Vie organique* qui prend conscience d'elle-même au moyen des organes de l'animal et de l'homme. *Vie supérieure* qui se manifeste par les facultés merveilleuses que développent le *savoir* et l'*amour*.

Ensuite nous vous expliquerons la transformation que subit la vie lorsque, par la mort, elle sort des formes du monde visible pour se replonger dans les courants fluidiques des plans invisibles.

Enfin, nous essaierons de vous faire entrevoir les vastes horizons de la vie universelle, de vous expliquer les liens qui unissent entre eux les êtres, les mondes, les univers, se rattachant tous au puissant foyer de l'Infini vers lequel convergent les désirs, les aspirations, la marche de tout ce qui gravite sur les mondes créés.

DEUXIÈME ENTRETIEN

Amis, les formes dans lesquelles la vie s'enferme passagèrement, pour évoluer sur le plan physique, se composent des éléments de la matière pondérable. La vie, elle, se compose des éléments de la matière impondérable : son, lumière, chaleur, électricité, fluides inférieurs et fluide éthéré.

La vie inférieure ou inorganique répond aux seules vibrations de la lumière et de la chaleur. La vie organique répond aux vibrations du son, de la lumière, de la chaleur, de l'électricité et des fluides de l'ambiance. La vie supérieure répond, en plus, aux vibrations du fluide éthéré.

Les éléments de la vie prisonnière en vous se sont créé et se créent encore les sens et les organes qui leur sont nécessaires pour répondre aux vibrations, c'est-à-dire aux appels des forces extérieures correspondantes. Les ondes sonores, lumineuses, électriques et fluidiques qui composent le foyer de vos âmes ont développé, par un travail incessant, les appareils par lesquels vous communiquez avec le monde visible et en recevez les impressions.

Il vous reste maintenant à développer les sens et les organes plus subtils qui vous permettront de répondre aux vibrations du fluide éthéré et de correspondre d'une manière consciente avec le monde invisible.

Ce fluide divin, puisqu'il vient de l'Infini, rompra les entraves de votre vie étroite et bornée et fera de vous des êtres libres et immortels.

TROISIÈME ENTRETIEN

Amis, nous appelons *vie* tout ce qui, dans la nature, vibre en réponse à des vibrations correspondantes.

La vie prend naissance dans les fluides lourds que le travail du mental extrait de la matière grise contenue dans vos cerveaux.

C'est donc le cerveau qui est le producteur de la vie puisque c'est lui qui fait passer la matière de l'état inerte à l'état vibratoire.

L'homme, sans qu'il s'en doute, est un ouvrier sans cesse occupé à transformer la matière, à la purifier, à la fluidifier. Le grain de sable que vous écrasez en marchant, les aliments que vous absorbez, les pensées que vous émettez sont autant d'actions par lesquelles vous faites évoluer la matière en l'aidant à passer d'un degré inférieur à un degré supérieur.

Ce travail, que vous avez fait jusqu'ici d'une manière inconsciente et machinale, vous pourrez un jour, grâce aux lumières du fluide éthéré, l'accomplir d'une façon consciente et réfléchie.

Par elles, vous apprendrez à connaître, à distinguer, à dominer les éléments dont se compose la vie, ce qui vous permettra d'exercer un pouvoir absolu sur les forces et les formes inférieures.

QUATRIÈME ENTRETIEN

Amis, la vie est aussi variée dans son essence que multiple dans ses formes. Entre la faible étincelle de vie jaillie du choc produit par la rencontre des vibrations correspondantes du mental et de l'astral et le puissant esprit surhumain, marchant libre et conscient vers le foyer de la lumière et de l'amour, la différence est si considérable que l'intelligence peut à peine en saisir l'infinie gradation.

Cette étincelle de vie, poussée par la force attractive, va se joindre aux courants fluidiques de même nature qu'elle. Ces courants, sur tous les degrés de l'invisible, constitunent l'essence vitale inhérente à chaque plan. Étant formés par les pensées, les désirs, les passions humaines, ils offrent une immense variété.

Il y a les courants mauvais et terribles créés par la haine, la méchanceté, la jalousie, l'immoralité et toutes les passions basses et grossières.

Les courants de fluides lourds et opaques formés par l'égoïsme, l'intolérance, le mépris de ses semblables, le désir immodéré des richesses et des satisfactions de la nature inférieure.

Les courants de fluides plus légers, mais encore obstrués par l'ignorance, la superstition, les conceptions religieuses erronées, la fausseté de l'idéal, etc. Enfin, les courants intellectuels spiritualisés par le savoir, la bonté, la tolérance, l'abnégation, le dévouement, en un mot par toutes les vertus qui conduisent les humanités à la gloire et au bonheur.

CINQUIÈME ENTRETIEN

Amis, pour qu'il y ait reproduction, soit dans le domaine de la vie, soit dans le domaine de la forme, il faut qu'il y ait union entre les éléments positifs et les éléments négatifs qui doivent contribuer à cette reproduction. C'est pourquoi l'étincelle de vie ne peut être obtenue que par le choc produit par la rencontre des forces positives de l'invisible et des forces négatives créées par le mental. Ces deux courants de forces contraires, étant constamment en vibration, produi-

sent entre eux des frottements incessants qui entre-
tiennent et perpétuent la vie sur tous les plans de la
nature.

Les fluides lourds, créés par l'Incarné, composent
l'enveloppe dans laquelle il s'enferme après la mort
pour retourner dans les courants fluidiques de l'astral.
Ces fluides sont tout à la fois : un *miroir* qui garde
l'empreinte des pensées, des paroles, des actions de
sa vie passée ; une *force* qui le pousse irrésistible-
ment vers le point de l'Espace où circulent les fluides
de même nature que les siens ; enfin une *lumière*
plus ou moins pure à travers laquelle il perçoit ce
qui l'entoure.

Sur le plan physique, la vie ne peut agir sans la
forme. La forme lui est indispensable pour pouvoir
se manifester et se mettre en rapport avec le monde
extérieur.

Sur les plans invisibles, la vie est indépendante de
la forme. Lorsque l'Esprit nouvellement désincarné
a recueilli toutes les leçons que lui fournit son enveloppe, en lui présentant le tableau fidèle de ses erreurs
passées, il abandonne peu à peu cette enveloppe et le
laisse se désagréger pour retourner aux éléments fluidiques qui l'attirent.

Cette séparation, néanmoins, n'est pas absolue. Car
le fait des liens subtils qui existent entre l'esprit créa-
teur et les fluides qu'il a tirés de la matière, au cours
de ses vies successives, il lui est possible de les
réunir à nouveau et de réintégrer, momentanément,
celle de ses enveloppes fluidiques qui peut lui être
nécessaire.

SIXIÈME ENTRETIEN

Amis, c'est la vie la plus élémentaire qui anime les formes rudimentaires. Au point actuel de l'évolution, peu de parcelles sont restées attardées dans les formes rigid.. du règne minéral ou dans les moules imparfaits du règne végétal. Ce sont les fluides lourds, extraits de la matière au cours des âges, qui occupent ces formes et les animent de leur vie à peine ébauchée.

Après un long stage dans les règnes secondaires, ces fluides lourds deviennent capables de former la grossière enveloppe fluidique des petits groupements de parcelles du règne animal. Les pauvres parcelles, enclavées dans leurs forces brutales et non pondérées, sont impuissantes à réagir contre elles, et doivent même, de leur énergie personnelle, activer leurs instincts de bestialité féroce et égoïste.

En revenant s'incarner sur la planète, les groupements de parcelles, depuis le plus minime jusqu'au plus complet, empruntent au plan qu'ils quittent une certaine quantité d'essence vitale ou fluides inférieurs dans lesquels ils se taillent une enveloppe que vous appelez *périsprit* ou *corps astral*. Ces fluides constituent la nature inférieure de l'homme toujours en conflit avec la nature supérieure formée par les groupements de parcelles, plus ou moins nombreuses qui composent le foyer de l'âme.

Les parcelles s'efforcent d'épurer ces fluides lourds, de les rendre clairs et transparents afin que leur opacité ne les empêche pas de recevoir la lumière, le secours et l'appui des plans supérieurs.

Pour rappeler à l'ordre ces forces si souvent en révolte, la conscience jette des cris d'alarme, toujours suffisants pour maintenir l'homme sur le chemin du devoir, lorsqu'ils sont entendus et écoutés.

C'est donc par le travail incessant des parcelles que la matière se transforme, que les fluides s'épurent, que les forces grandissent, se développent et nous poussent toujours plus vite sur la route de l'Infini.

SEPTIÈME ENTRETIEN

Amis, lorsque les fluides inférieurs ont atteint leur plus haut degré d'épuration, ils servent d'enveloppe fluidique aux Dualités reconstituées, travaillant sur les mondes lumineux à la pénétration de leurs parcelles afin de se transformer en Unités et pouvoir entrer dans le deuxième degré de l'Infini.

En traversant le premier degré, les Unités se dépouillent de leur enveloppe qui sert à former de nouvelles Dualités composées de parcelles de *volonté* et de parcelles d'*Idéal*.

Désireuses de pénétrer à leur tour au centre du foyer de lumière et d'amour qu'elles ont entrevu, les Dualités se décident à entreprendre la longue et douloureuse traversée de l'Espace. Elles partent conscientes et résolues, mais la divergence de leurs vues ne tarde pas à produire le choc terrible qui les éparpille en innombrables parcelles s'enfonçant, apeurées, dans les sombres profondeurs de l'immensité.

Attirés par leur lumière et leur chaleur, les mornes atomes accourent s'unir à elles et leur ensemble constitue le double élément spirituel et matériel, dont se forment les mondes nouveaux. Sur ces mondes, tout en travaillant à leur progrès personnel et à la reconstitution de leurs Dualités, les parcelles s'emploient à la tâche ingrate et pénible d'épurer la matière, de la transformer, de la fluidifier afin de préparer des âmes pour les âges à venir. Ces aperçus vous font comprendre le grand principe de la loi solidaire qui régit tous les Êtres : Le service que d'autres nous ont rendu en nous faisant émerger des bas-fonds de la matière nous devons le rendre à notre tour et nous sommes tenus de travailler pour les humanités futures comme les humanités, nos devancières, ont travaillé pour nous.

HUITIÈME ENTRETIEN

Amis, dans leur fuite éperdue à travers l'immensité, les Dualités éparpillées rencontrent les fluides lourds dont l'Espace est rempli. Ces fluides s'attachent aux parcelles et leur forment une enveloppe qui atténue l'intensité de leur flamme, ce qui permet aux atomes de s'unir à elles sans danger.

Ayant été produits par des humanités imparfaites, ces fluides sont imparfaits. Ils renferment en eux les germes du mal et les tendances mauvaises des passions qui les ont engendrés.

Entraînés sur les mondes nouveaux ils se développent au contact des parcelles dont les forces divisées ne peuvent réagir contre leurs forces brutales et aveugles.

Ce sont ces puissantes énergies, dont le déchaînement ne connaît ni frein ni loi, qui sont cause des bouleversements et des cataclysmes des premiers âges et à qui sont dus les instincts féroces et carnassiers des races animales primitives.

Ceci vous explique l'existence du mal et de la souffrance sur la terre bien avant l'apparition de l'homme et le désir qui pousse les parcelles à reconstituer leurs groupements afin de rendre les forces du bien capables de neutraliser et détruire peu à peu les terribles forces du mal.

A ces causes premières qui, plus réelles que la boîte de Pandore, ont, à l'origine des temps, déchaîné sur la terre les plus tristes fléaux, il faut en ajouter d'autres. D'abord, la lourdeur de la planète qui la tient trop fortement inclinée sur son axe, occasionnant, par ce fait, les pénibles souffrances des hivers rigoureux et des étés brûlants. Ensuite, l'ignorance qui vous fait de la mort un épouvantail, qui vous cache les consolantes espérances de l'avenir et sème, parmi vous, la discorde et la haine, fruits malheureux d'un fanatisme étroit et borné. Enfin les vices et les passions humaines qui alimentent les sources du mal, dont l'égoïste satisfaction s'obtient au détriment d'autrui et par qui sont engendrées la plupart des maladies mentales et physiques.

Telles sont, en résumé, les causes multiples des

maux qui pèsent d'un poids si lourd sur l'enfance des mondes et la jeunesse des humanités.

NEUVIÈME ENTRETIEN

Amis, ceux d'entre vous qui suivent avec attention nos entretiens se demandent pour quelle raison nos enseignements ne sont pas donnés d'une façon plus claire et surtout plus précise ? Ils ne se rendent pas compte de la difficulté que nous éprouvons à transmettre notre pensée au cerveau d'un médium, ni de l'effort que celui-ci est obligé de faire pour traduire notre inspiration sous une forme accessible à tous.

Les vibrations subtiles qui la portent au mental de l'Incarné ne rencontrent pas toujours chez lui des vibrations assez analogues pour que la transmission de la pensée puisse se faire sans obstacle.

De plus, les fluides lourds, produits de son mental et qui l'entourent, altèrent et dénaturent souvent la pureté du rayon fluidique que nous lui transmettons.

Lorsque le progrès de votre spiritualité vous aura mis à même de savoir diriger le travail de votre mental, l'élévation habituelle de vos pensées vous permettra de recevoir, des plans supérieurs, une lumière plus pure, une vision plus claire de la vérité.

Mais, dès maintenant, les quelques notions qu'il nous est possible de vous donner sont suffisantes pour guider vos recherches et diriger vos études.

A nous aussi l'effort est nécessaire pour recueillir et coordonner les aperçus lumineux que nous font parvenir les Intelligences élevées qui, pénétrant plus avant que nous dans les immensités, essaient de nous en faire entrevoir les sublimes mystères et les incomparables merveilles.

Dans notre petit Univers, où la lourde matière impose encore ses funestes lois, rien ne s'acquiert sans peine. La sentence biblique « *tu mangeras ton pain à la sueur de ton front* » s'applique aussi bien à la nourriture spirituelle qu'à la nourriture corporelle et le pain de Vérité dont nos âmes sont avides ne s'obtient pour tous, incarnés ou désincarnés, que par le travail et l'effort.

DIXIÈME ENTRETIEN

Amis, nous vous avons dit que le travail des parcelles, au début d'un monde, se trouve entravé par les forces inférieures qui opposent à leurs efforts une aveugle résistance.

Au cours des âges, par le fait de leurs groupements plus complets, les parcelles essaient de faire contrepoids à cette résistance et dès lors commence la terrible lutte entre le bien et le mal ; lutte qui ne prendra fin que par le triomphe de la volonté forte et pondérée sur les instincts bas et mauvais.

Au sein de ce combat perpétuel, les forces spirituelles grandissent, la conscience se développe, les sens et les organes se perfectionnant donnent à la vie une intensité de plus en plus sensible. L'heure vient enfin où les sens internes, sortant de leur apathie, rendent les Êtres capables de répondre aux vibrations du fluide éthéré.

Le foyer d'intelligence et d'amour qui gît au centre des Âmes, n'étant plus obscurci ni étouffé par les fluides lourds et opaques, se dilate au contact des forces externes correspondantes et projette autour de lui le pur rayonnement de sa lumière qui éclaire et pénètre toute chose.

Alors la nature livre ses secrets, la matière vaincue reconnaît dans l'Esprit rayonnant son maître souverain et, de progrès en progrès, de degré en degré, l'humanité s'avance pas à pas vers une vie toujours plus haute, plus libre, plus consciente.

ONZIÈME ENTRETIEN

Amis, le premier bien que procurent à l'Incarné les effluves puissantes de la vie supérieure est le don d'une paix profonde que rien ne peut troubler ni détruire. Les vaines agitations de la vie matérielle n'ont pas de prises sur le mental apaisé et c'est avec un calme parfait que l'âme envisage les événements qui lui apportent, tour à tour, la douleur ou la joie.

Le sentiment égoïste de sa personnalité s'effaçant peu à peu, elle se sent vivre de la vie de tous les Êtres, partageant leurs émotions, ressentant au fond d'elle-même les vibrations qui les agitent et lui donnent le contre-coup de leurs peines et de leurs plaisirs.

Alors grandit en elle le désir de développer les

pouvoirs que lui révèle l'intuition intérieure, afin de les aider et de les soulager efficacement.

Dès que les sens internes commencent à fonctionner, des obstacles et des dangers surgissent de toutes parts. Ce sont d'abord des visions de l'astral dont les monstruosités, plus apparentes que réelles, causent de l'épouvante et de l'effroi. Ensuite, des sons ou des paroles entendus qui induisent en erreur. Souvent aussi, une intuition fatale qui pousse à des démarches fâcheuses ou inutiles.

Les luttes produites par ces premiers contacts avec l'Invisible ne sont que le balbutiement des âmes qui s'éveillent et se trouvent aux prises avec les forces et les formes des vies inférieures.

Le temps et l'exercice mettent bientôt à même de surmonter ces premières difficultés et, après des efforts soutenus, on parvient à savoir utiliser les facultés merveilleuses que le *savoir* et l'*amour* développent dans les âmes pour leur progrès personnel et pour le bien collectif.

DOUZIÈME ENTRETIEN

Amis, outre la paix et le calme de l'âme, les premiers battements de la vie supérieure vous apportent encore d'autres précieux dons.

Vous constatez peu à peu en vous les effets d'une protection aussi étendue qu'efficace. Vos souffrances sont allégées, vos épreuves adoucies. Une influence heureuse réduit la peine ressentie à sa plus simple expression.

La foi incertaine, le doute pénible font place à une certitude absolue, à une confiance inébranlable; certitude et confiance qui, reposant sur les bases solides de la connaissance et du savoir, vous font envisager la mort et l'au-delà sans crainte et sans effroi.

Les facultés de l'entendement voient leur champ d'action s'élargir. L'intelligence perçoit de mieux en mieux les vastes perspectives et les merveilleuses possibilités d'une vie toujours grandissante. La pensée s'élève à des hauteurs inconnues et dans l'imagination se reflète l'image, toujours plus nette, de l'idéale perfection que nous devons tous atteindre.

Le cœur, à son tour, subit d'heureux changements. Echappant aux murs étroits qui l'enserraient, murs formés par un égoïsme séculaire, il apprend à répandre autour de lui les trésors de son amour et à servir de canal aux forces divines pour secourir et consoler les souffrants et les malheureux.

Ces faveurs précieuses ne sont que le prélude des surprises ineffables que vous ménage la vie supérieure; vie dont le développement progressif fera de vous des Êtres glorieux, vainqueurs de la souffrance et de la mort devant qui les voiles se déchirent et les voies s'ouvrent sur la terre et dans les immensités.

CONCLUSION

Amis, au seuil de la vie supérieure où commencent à arriver les plus avancés parmi vous, des conseils s'imposent et des avertissements sont nécessaires.

Que servirait d'entrevoir les possibilités d'un état de vie meilleur si la connaissance des moyens à employer pour y atteindre vous faisait défaut ?

Le fluide éthéré, en pénétrant dans vos âmes, vous apprendra à profiter de ces moyens pour accélérer votre progrès et votre avancement moral.

Ouvrez donc les portes de votre intelligence et de votre cœur à ce fluide divin qui, depuis si longtemps, y frappe vainement. Que ses vibrations puissantes parviennent enfin à éveiller les échos endormis qui doivent y répondre et vous donner l'intuition de vos pouvoirs latents.

Échappant à la domination tyrannique des forces inférieures, vous allez passer sous le joug doux et léger des forces supérieures. Pour hâter l'heure heureuse de la délivrance il faut recourir à la prière et appeler sans cesse à vous ceux qui peuvent vous secourir et vous aider.

Il faut aussi vous habituer à vous oublier vous-mêmes ; à reporter sur les autres l'intérêt attentif et soutenu que vous accordiez jusqu'ici à ce qui vous touchait personnellement.

Vous devez apprendre à vous concentrer intérieurement, non pas à la façon des êtres égoïstes qui rapportent tout à leur moi personnel, mais afin d'étudier le fonctionnement de vos éléments fluidiques pour diriger leur travail et le rendre fructueux.

Dans ce but, il faut exercer sur votre mental un contrôle rigoureux pour en exclure, non seulement les pensées mauvaises et malveillantes, mais même les pensées vaines et futiles.

Il faut analyser vos impressions pour y démêler l'inspiration lumineuse et féconde.

Il faut apprendre à reconnaître la source des inspirations et des pressentiments qui vous dévoileront l'avenir d'une façon toujours plus claire et plus précise.

Enfin, il faut chercher en vous-mêmes les lumières et les forces qui vous sont nécessaires pour aider, soulager et consoler les enfants pauvres, souffrants et malheureux de la grande famille humaine.

Ce travail préparatoire donnera l'essor aux puissances qui résident en vos âmes à l'état latent. Il permettra aux forces divines qui gisent au plus intime de votre être d'entrer en rapport avec les forces extérieures correspondantes et de mettre en activité vos organes et vos sens internes.

Alors, les facultés de l'intellect s'exerçant sur un plan plus élevé que le niveau habituel, trouveront un champ d'activité plus étendu et s'ouvriront à des conceptions nouvelles, toujours plus grandioses.

L'intelligence, devenant un foyer de lumière, servira de phare conducteur aux âmes ballottées par les remous de la vie matérielle et les guidera vers le port.

Le cœur, envahi par les émanations divines du fluide éthéré, se transformera peu à peu en un centre rayonnant qui projettera, sur les cœurs blessés et meurtris, les effluves bienfaisants de l'amour qui réchauffent et consolent.

Le commerce avec l'Invisible, entravé à l'heure actuelle par les fluides lourds qui entourent le mental des humains, deviendra plus facile et plus fructueux.

Incarnés et Désincarnés, unis dans le noble labeur des recherches communes, s'avanceront la main dans la main, d'un pas plus rapide et plus sûr, vers les régions bénies d'où les ténèbres sont exclues et où les âmes se pénètrent dans la *lumière* et dans l'*amour*.

DEUXIÈME SÉRIE

PREMIER ENTRETIEN

Amis, nous venons d'étudier la vie dans ses premières manifestations et dans son évolution à travers les formes multiples du plan visible ou matériel. Nous allons maintenant l'étudier dans son état libre et dans sa circulation sur les plans invisibles.

Il est difficile de vous faire exactement comprendre ce qu'est la vie séparée de la forme. Imaginez un fluide lumineux, doué d'intelligence, de sentiment et d'énergie. Et encore cette définition ne peut-elle s'appliquer qu'à la vie arrivée à un certain degré d'évolution. Si nous la considérons à son point de départ, nous la voyons sous la forme d'un fluide vibratoire, à peine plus subtil que la matière dont il est issu. Insensiblement il s'éclaire ; la volonté et la sensation s'éveillent et, au cours du temps, on voit enfin poindre les premiers signes de l'intelligence et du sentiment.

La vie n'évolue qu'unie à la forme. Dès qu'elle est séparée de la forme, elle reprend son élasticité naturelle et se concentre en elle-même pour recueillir le fruit des expériences acquises. Ceci fait, elle s'identifie à la vie commune au plan qu'elle occupe, ne reprenant conscience de son incarnation passée que lorsque la pensée ou les appels de ceux dont la vie a été mêlée à la sienne la rappellent momentanément au souvenir de son existence terrestre.

Ne troublez pas la vie nouvellement sortie du moule de chair. Laissez-la en paix faire le bilan des jours passés afin qu'elle reprenne au plus tôt son cours normal, après avoir extrait la petite part de force, de lumière et d'amour qui retourne au groupement supérieur, tandis que ses éléments secondaires se disséminent dans les courants fluidiques inférieurs de l'Astral.

DEUXIÈME ENTRETIEN

Amis, vous vous demandez ce que devient le moi personnel au milieu de cette dispersion des éléments constitutifs de la vie revenue sur les plans invisibles? Chaque parcelle, en se séparant du foyer de l'âme, emporte avec elle sa part de conscience et de vie. Les plus pures montent sur les plans élevés, les plus lourdes retombent sur les degrés inférieurs et le noyau central, en qui se concentrent les expériences et les acquis antérieurs, s'identifie à la vie du plan qui correspond à son degré d'évolution.

Il n'est pas facile de vous faire saisir l'ensemble de la vie qui circule sur les différents plans de l'Invisible; vie formée d'une multitude de petites vies

qui se mêlent, tout en conservant leur conscience
personnelle. Courants de fluides intelligents, foyers
de lumière vivante, centres d'énergies conscientes
de leur pouvoir et faisant jaillir de leur sein d'innombrables projections qui relient entre eux tous les degrés de l'Espace.

Plus l'Etre s'élève moralement, plus il se fond
dans l'harmonie de l'ensemble et moins il vit de sa
vie personnelle. L'Unité qui tend à se constituer sur
le plan spirituel détruit tout germe de séparativité.
Les sentiments mesquins de l'individualité humaine
qui se confine dans l'affection étroite d'un cœur isolé,
de la famille ou du milieu, ne suffisent plus à l'âme
parvenue à ces hauteurs. Vivant de la vie universelle,
envisageant les Etres, non plus sous leur aspect personnel, mais dans leur grandiose ensemble, elle as-
pire seulement au *beau* comme idéal, au *bien* comme
moyen, au *vrai* comme récompense.

TROISIÈME ENTRETIEN

Amis, nous vous avons dit, dans un de nos précédents entretiens, que l'esprit, en revenant s'incarner
sur la terre, emprunte au plan qu'il quitte une certaine quantité d'essence vitale ou fluides inférieurs
qui lui composent une enveloppe appelée par les uns,
périsprit, par les autres, *corps astral*.

C'est la force inhérente à ces fluides lourds qui ac-
tionne la matière du corps physique et met ses sens
et ses organes au service de l'âme, pour lui per-

mettre d'entrer en rapport avec les forces extérieures correspondantes.

Tant que dure cette énergie motrice, la vie physique est entretenue. Lorsqu'elle est épuisée, la mort survient. L'âme, ne trouvant plus de canal pour se manifester extérieurement, abandonne le corps devenu inutile. S'enveloppant dans les fluides lourds qu'elle a extraits de la matière par le travail de son mental, elle retourne sur les plans invisibles.

La mort n'est pas une annihilation ainsi que le croient quelques-uns. Elle n'est pas non plus un changement qui donne à l'âme toutes les vertus, toutes les perfections, tous les pouvoirs et la met en possession d'un bonheur qui réalise tous ses désirs. La mort est une simple transformation du genre de vie, laissant l'âme semblable à elle-même, avec ses défauts et ses imperfections qui ne se détruisent, répétons-le, que par les expériences des vies successives.

Lorsque le progrès de votre spiritualité vous aura mis à même de recevoir une intuition intérieure capable de vous instruire et de vous diriger, vous apprendrez à extraire de l'ambiance le fluide vital nécessaire pour entretenir votre vitalité personnelle ou celle de vos semblables.

Ce résultat vous permettra de passer à votre gré du plan visible aux plans invisibles et vous donnera une preuve certaine de votre glorieuse immortalité.

QUATRIÈME ENTRETIEN

Amis, les conditions de la mort diffèrent selon le degré d'évolution des Etres qui se désincarnent.

Plus l'âme est attachée aux choses de la vie matérielle, plus elle est esclave de ses passions, plus aussi est pénible le travail de séparation opéré par la mort.

Le réseau fluidique, formé par les pensées, les désirs, les émotions de la vie écoulée, enserre l'âme de leurs fils ténus et l'empêche de procéder à son dégagement avec la conscience et le calme nécessaires.

Les forces supérieures, toujours prêtes à venir en aide dans ces moments difficiles, sont entravées et paralysées par ces fluides lourds et ont de la peine à faire pénétrer dans l'âme en détresse un rayon lumineux et consolateur.

Tout autre est la mort de l'Etre suffisamment évolué pour avoir conscience de son dégagement. Aidé par ses frères aînés dont il a si souvent réclamé l'appui pendant son étape terrestre, voyant à travers leurs fluides purs, il se rend compte des différentes phases de la transformation qui s'opère en lui, et c'est avec un sentiment de joyeuse allégresse qu'il abandonne son lourd vêtement de chair.

Bien différente aussi est la façon dont s'effectue l'entrée sur les plans invisibles, entre l'âme spiritualisée et celle qui ne l'est pas. Tandis que la première franchit avec facilité les couches inférieures de l'Astral où rien d'elle-même ne correspond, la seconde, retenue par des liens nombreux qui empêchent son essor, se sent rivée aux plans inférieurs et condamnée à vivre dans leurs régions ténébreuses.

Lorsque ces notions élémentaires de Vérité seront connues et comprises, un avantage immense en résultera, soit pour ceux qui se désincarnent, soit pour ceux qui assistent à leur départ.

Les premiers, ayant habitué leur esprit à s'occuper des choses de la vie future, arriveront au seuil de l'invisible moins troublés et moins angoissés. Les seconds, sachant que la mort ne détruit rien et que l'Etre qui les quitte ne fait que changer de forme et de vie, laisseront de côté les regrets superflus et se garderont de troubler, de leurs clameurs inutiles, la phase d'évolution qui s'accomplit sous leurs yeux.

Ils aideront, au contraire, par leurs prières, leurs pensées calmes et réfléchies, au dégagement et à la libération de l'âme qui leur est chère.

CINQUIÈME ENTRETIEN

Amis, nous vous avons dit précédemment que les fluides étaient tout à la fois *miroir*, *lumière* et *force*. Etant le produit des facultés de l'âme, ils en sont la reproduction exacte.

La mémoire est le miroir qui garde indéfiniment l'empreinte des pensées, des désirs, des émotions de la vie passée. L'intelligence est la lumière qui perçoit toutes les manifestations de la vie intérieure ou extérieure. Enfin, la force émane de la volonté qui en est le producteur direct.

Les fluides créés par le mental des Etres dominés par des passions grossières, ou uniquement occupés des choses de la vie matérielle sont loin d'être purs et transparents. La lumière en est terne, le reflet nuageux. La force, au lieu de pousser l'âme vers les plans élevés, la maintient sur les degrés inférieurs.

L'ensemble de la vie sur ces plans ne diffère guère de ce qu'elle est sur la terre. Chaque âme, enfermée dans un corps astral d'une densité extrême, vit d'une vie séparée. Elle ne prend part à la vie commune que pour donner plus de satisfaction à ses penchants bas et mauvais.

Sur les plans supérieurs de l'Astral, les fluides étant devenus plus clairs, la lumière commence à s'épandre en ondes plus ou moins pures. La mémoire commune met sous les yeux de chacun le tableau du passé et les forces réunies forment des centres d'énergie dont les manifestations ne sont pas toujours pour vous exemptes de dangers et d'erreurs.

Sur le plan spirituel, les derniers germes de séparativité étant détruits, rien ne fait plus obstacle à l'expansion de la vie. La mémoire, l'intelligence, la force des Etres composent un fonds commun où chacun puise à volonté la plénitude relative du *savoir* et du *pouvoir*.

Pénétrés des effluves bienfaisants de l'*Amour*, ces fluides purifiés forment le courant humanitaire dont la devise : *Un pour tous, tous pour un*, se trouve pleinement réalisée. C'est dans ce courant que les groupements supérieurs des Dualités surveillent le travail des parcelles incarnées qui doivent un jour lour revenir. C'est de là que vous recevez le secours et l'appui qui vous sont nécessaires, ainsi que ces éclairs lumineux qui illuminent la conscience, montrant à chacun la route du devoir et le chemin du progrès.

SIXIÈME ENTRETIEN

Amis, s'il est difficile de vous faire comprendre la nature et les propriétés des fluides créés par le mental des Incarnés, quelles plus grandes difficultés ne devons-nous pas éprouver pour vous faire entrevoir la splendeur ineffable et le pouvoir tout-puissant du fluide éthéré, émanation directe du foyer de l'Infini !

Réunissez par la pensée quelques hommes les mieux doués, ayant la mémoire la plus étendue, l'intelligence la plus développée et la volonté la mieux pondérée. Mettez en commun leurs merveilleuses facultés pour en former le mental d'un seul être. Quel ne serait pas le génie d'un tel homme et quel pouvoir n'exercerait-il pas sur ses semblables ?

Sur le plan spirituel, ce n'est plus la mémoire, l'intelligence, la volonté de quelques-uns qui forment le fonds commun, mais toutes les facultés réunies des Etres de notre Univers assez évolués pour être parvenus à ce niveau supérieur. Eh bien, amis, cette puissance de vie, dont vous parvenez difficilement à vous faire une idée, n'est rien, absolument rien, si nous la comparons à celle du fluide éthéré dont l'intelligence et la force sans limites surpassent infiniment le savoir et le pouvoir réunis de tous les Etres qui peuplent les mondes et les Univers de la Création tout entière.

Que peut être l'assemblage de nos infimes perceptions et de nos faibles pouvoirs, en face de cette Intelligence souveraine qui perçoit, sur tous les points de l'étendue, le moindre frémissement de la vie ? Qui porte en Elle l'empreinte de tout ce qui a fait et fera vibrer les âmes des humanités passées et futures, et dont la force puissante soutient les mondes et les dirige dans leurs marches vers l'Infini.

Devant cette grandeur incomparable et ce pouvoir illimité, l'esprit s'arrête confondu et l'âme tremblante ne peut que murmurer cette prière : « Père, que ta lumière nous éclaire, que ta force nous soutienne et que ta volonté s'accomplisse sur la terre et dans les cieux. »

SEPTIÈME ENTRETIEN

Amis, il est encore un élément précieux qui vient s'ajouter aux éléments constitutifs des fluides, c'est-à-dire de la vie. C'est l'*Amour* produit par les émanations du double interne du cœur.

L'amour ne peut s'appeler ainsi que lorsqu'il fait partie de la vie arrivée à un certain degré d'évolution. Tout d'abord il se manifeste comme *attraction* attirant et rapprochant les corps et les éléments. Ensuite l'attraction est remplacée par la *sensation* qui permet à la vie de prendre contact avec les objets extérieurs.

A la sensation succède le *sentiment* qui incline la

vie vers les objets de son choix et de ses préférences.

Enfin, plus tard, le sentiment fait place à l'*amour* dont la tâche glorieuse consiste à détruire l'égoïsme et à réunir tous les êtres dans la sublime communion de la vie universelle.

C'est l'amour qui crée les liens qui unissent entre eux les êtres, les mondes, les univers. Les émanations du foyer de l'âme pénétrées par l'amour produisent des effluves magnétiques dont la force de projection est en rapport avec la chaleur du foyer qui les émet. Ces effluves établissent entre vous des liens dont la subtilité échappe à votre vue limitée et à votre perception peu développée.

Un jour viendra où la vie grandissante ayant rendu plus intense le rayonnement de vos foyers respectifs, ils pourront correspondre directement avec le fluide éthéré, prendre part à sa puissance de vie et participer à son pouvoir d'expansion.

Les habitants de la terre ne se croiront plus, dès lors, isolés dans l'espace. Ils pourront établir avec les habitants des autres planètes des communications régulières qui seront, pour tous, une source féconde de lumière et de progrès.

A l'heure actuelle, des splendeurs merveilleuses vous environnent, des lumières éblouissantes vous éclairent, des intelligences radieuses vous pénètrent, des forces divines vous dirigent, mais tout cela est aussi caché à vos yeux que l'est, pour le ver de terre, la beauté de l'astre qui alimente sa vie. Plus tard de nouveaux sens s'étant développés, vous pourrez voir les reflets, percevoir les harmonies, saisir, en un mot, toutes les manifestations des vies supérieures et idéales.

HUITIÈME ENTRETIEN

Amis, c'est donc par le mélange ou mariage des pensées que la vie prend naissance.

Les groupements où dominent les parcelles de volonté produisent les fluides positifs ; ceux où dominent les parcelles d'idéal produisent les fluides négatifs. Ces fluides ou forces, constamment en vibration, s'attirent, se choquent et, de leur contact, jaillit l'étincelle de vie. Cette étincelle, poussée par la force qui lui est propre, va se joindre aux courants fluidiques en rapport avec son degré d'évolution.

Les pensées mauvaises, résultant des passions basses et grossières, alimentent la vie des régions inférieures de l'Astral. Restant unies fluidiquement au mental dont elles sont le produit, elles forment des liens qui, après la mort, retiennent l'âme captive en ces lieux, l'enveloppant d'un voile opaque, lui cachant la lumière et l'empêchant d'entendre les consolants appels des intelligences élevées qui s'efforcent de lui venir en aide.

Les incarnés, uniquement préoccupés des choses de la matière, créent de la vie sur les plans moyens de l'Astral. Revenus dans l'invisible, cette vie bornée les enserre dans ses fluides lourds, leur inspirant le regret douloureux de ne pouvoir satisfaire leurs désirs et les empêchant de percevoir les clartés qui les environnent.

3

Chez les Incarnés dont le mental correspond avec le degré supérieur de l'Astral, l'étroitesse des dogmes religieux leur inspire des pensées d'intolérance et de fanatisme qui, après leur mort, nuisent à l'expansion de la vie et faussent la pureté des rayons lumineux venant des degrés supérieurs.

Cependant, sur ce plan, le mérite des âmes vraiment religieuses, leurs actes de charité et d'héroïsme créent des courants de forces dont le pouvoir vous semble merveilleux. C'est à lui que sont dues les guérisons obtenues dans les sanctuaires et les lieux de pèlerinage, les conversions subites et inattendues, en un mot tout ce que vous traitez de miraculeux et n'est que le résultat des forces magnétiques mises en activité par la réunion des volontés terrestres et astrales.

Les Incarnés qui joignent le savoir à la pureté de vie, aux actes de dévouement et d'abnégation, à l'élévation habituelle des pensées et à l'aspiration constante vers le bien, créent de la vie sur le plan spirituel et en alimentent le courant humanitaire. Ceux-là n'ont à redouter ni la mort ni l'au-delà.

Attirés par les forces subtiles qu'ils ont produites, aidés par les intelligences élevées dont les pensées se sont mariées aux leurs pendant l'incarnation passée, ils franchissent sans peine et sans entraves les degrés de l'Astral. Le cœur plein d'une indicible allégresse ils accourent se plonger dans les ondes lumineuses des fluides épurés pour se reposer des labeurs passés et puiser de nouvelles forces pour les étapes futures.

NEUVIÈME ENTRETIEN

Amis, il est bon de vous répéter que les fluides positifs de l'Astral attirent les fluides négatifs créés par le mental de l'incarné, de même que les fluides positifs créés par l'incarné attirent les fluides négatifs de l'Astral. La rencontre de ces forces contraires produit des chocs d'où jaillit l'étincelle de vie.

C'est donc l'action combinée de deux mentals qui reproduit la vie sans la forme ; de même que c'est l'action combinée de deux formes animées qui reproduit la forme unie à la vie.

L'étincelle de vie reste unie par un lien fluidique à ses mentals reproducteurs. Plus sont vils et matériels les éléments dont elle est issue, plus le lien qui l'unit à eux est terne, lourd et épais. Mais plus l'être s'élève moralement, plus aussi deviennent élastiques et lumineux les liens qui l'unissent aux productions de sa mentalité.

Tous les êtres sont donc reliés entre eux par le fait des vibrations perpétuelles de leurs pensées qui s'attirent, se rencontrent, se choquent pour produire les courants de vie à tous les degrés de l'évolution.

Nos explications précédentes vous ont appris qu'à l'origine des temps les parcelles, avant de s'unir aux atomes, se sont enveloppées dans les fluides lourds épars dans l'immensité. Ces fluides, produits par des humanités antérieures disséminées sur les mondes de l'Espace, restent unis à elles par des liens puis-

sants. Ces liens forment la trame du réseau fluidique
qui couvre l'étendue où les dualités, possédant cha-
cune une couleur spéciale, peuvent suivre la trace
des groupements de parcelles leur appartenant ainsi
que celle des courants de vie formés par le travail de
leur mental.

Vous voyez que rien ne se perd, rien n'est isolé
dans la création. Tout se lie, s'enchaîne, fait filiation
et marche vers l'Infini.

DIXIÈME ENTRETIEN

Amis, vous avez compris que la vie inférieure reste
unie, par des liens subtils, à la vie supérieure qui l'a
créée. Ces liens, de vie en vie, de degré en degré,
se rattachent au foyer de l'Infini où gravitent les
Unités qui nous ont, nous-mêmes, fait éclore à la vie
dans un passé lointain.

Ces intelligences divines ne se désintéressent pas
de la vie qu'elles ont produite. C'est par le canal des
liens mystérieux qui nous unissent à Elles que nos
cris d'appel sont entendus et que le secours d'en haut
nous est donné.

L'Espace n'est donc qu'un immense laboratoire où,
par le travail physique et mental des Incarnés, la
matière s'épure, se transforme, devient le mouvement,
la pensée, la vie. Partis, atomes, de l'Infini, nous
devons, par des groupements successifs et d'inces-
santes transformations, y revenir Esprit *libre*, *puissant*, *divin*. Nous faisons une première fois la tra-

versée de l'Espace pour évoluer comme *forme*. Nous la faisons une deuxième fois pour évoluer comme *vie*. Là première fois, à l'état de matière subissant le joug de l'esprit. La deuxième fois, à l'état d'esprit animant et dirigeant la matière.

Et maintenant, si vous nous demandez d'où provient l'atome et quelle est la force qui, du foyer de l'Infini, le lance dans l'Espace, portant en lui le principe de tous les développements et de toutes les transformations de la forme et de la vie ? Si vous désirez connaître le pourquoi de cette création qui n'a pas eu de commencement et qui n'aura pas de fin ? Si vous nous interrogez sur la cause première d'où dérivent toutes les autres causes, nous vous répondrons que ces mystères sont les secrets de l'Infini et que leur connaissance fait partie des surprises ineffables que l'avenir nous tient en réserve.

CONCLUSION

Amis, les aperçus que nous vous avons donnés dans ces entretiens sur l'ensemble de la création, sur le commencement et la fin des Êtres, sur l'évolution de la forme et de la vie, ces aperçus, quelque imparfaits qu'ils sont, suffisent à satisfaire le besoin de savoir qui s'éveille en certaines âmes, tout en faisant naître en elles le désir d'une révélation plus complète.

Les paroles de l'Ecriture : « Cherchez et vous trouverez, demandez et vous recevrez, frappez et il

vous sera ouvert », vous montrent que la vérité ne
se fait connaître qu'à ceux qui la désirent, la cherchent
et font de sérieux efforts pour la trouver.

Ne vous laissez donc plus absorber par les seules
préoccupations de la vie matérielle. Essayez de porter votre attention et d'exercer vos facultés sur les
plans de la vie réelle et non sur ceux de la vie éphé-
mère et transitoire.

Les pensées produites par la méchanceté ou l'immoralité créent de la vie mauvaise ; les pensées
vaines et futiles créent de la vie inutile. La vie mauvaise doit s'expier, la vie inutile doit racheter le
temps qu'elle a perdu ou fait perdre à ceux qui ont
subi son influence.

Lorsque le plus grand nombre des Incarnés tra-
vailleront sérieusement à détruire leurs passions et
s'appliqueront à élever le niveau habituel de leurs
pensées, la vie inutile et la vie mauvaise ne se re-
produisant plus, les plans de l'astral se transforme-
ront. Au lieu d'être la géhenne où souffrent et gé-
missent les âmes empêtrées dans les fluides noirs et
lourds de la vie inférieure, ils deviendront le champ
de courses où les Êtres s'entraîneront à marcher toujours plus vite vers les régions lumineuses qui con-
finent à l'Infini.

Pour atteindre à ce but éloigné, deux choses sont
nécessaires : le *Savoir*, qui vous apprendra à choisir
la route la plus courte et la plus sûre, et l'*Amour*,
qui vous servira de stimulant pour activer votre
marche en avant.

A l'œuvre donc, amis, pour vous procurer ces

deux leviers sans lesquels tout travail est impuissant et stérile. Accourez puiser le savoir aux sources précieuses que les Invisibles tâchent de mettre à votre portée et efforcez-vous de faire naître en vos cœurs le pur et véritable amour.

Notre concours et notre aide vous sont acquis de droit. Le progrès des uns étant solidaire de celui des autres, nous avons tous intérêt à faire grandir nos forces personnelles et respectives.

Déjà, sur plusieurs points de la planète, l'activité humaine se déploie dans un sens tout nouveau. Ici, ce sont des incarnés qui recherchent et retrouvent la trace des révélations primitives.

Ailleurs, il en est d'autres qui, se mettant en communication avec l'invisible, s'appliquent à développer les pouvoirs que leur révèle l'intuition intérieure. Bientôt un champ plus vaste s'ouvrira devant leurs regards surpris. Leur vue interne se perfectionnant, ils pénétreront dans l'astral et en distingueront les éléments.

Ce premier résultat détruira les fables et les légendes inventées par les oppresseurs de la conscience humaine et donnera une preuve certaine de la continuation de la vie après la mort.

L'électricité, par ses multiples applications, tend à adoucir les dures conditions de la vie matérielle.

Dans un avenir prochain se mettant à la portée de tous, elle introduira, dans les rouages de la vie individuelle et sociale, d'heureuses améliorations.

Le magnétisme, à son tour, vous dévoilera de

merveilleux secrets qui mettront en votre pouvoir des forces nouvelles et inconnues.

Appliquez-vous donc à faire grandir les énergies inhérentes aux facultés de vos âmes. Ne vous laissez pas décourager par les difficultés du début et, surtout, n'accusez pas vos instructeurs invisibles des déboires et des déceptions que vous êtes appelés à subir. Lorsque, après le passage du rayon lumineux, votre mental retombera dans l'obscurité produite par les fluides lourds qui l'encombrent, attendez avec patience qu'une nouvelle éclaircie se produise et, dans cet intervalle, mettez à profit l'inspiration qui vous a été donnée pour la bonne conduite de votre vie journalière.

Surtout, amis, ne vous départez jamais d'une pureté de vie, d'une modestie de pensée, d'une sage défiance de vous-mêmes qui sont les conditions indispensables pour attirer à vous les forces supérieures.

Veillez sur votre mental pour en exclure les productions mauvaises ou inutiles. Que par votre empire sur vous-mêmes, vos efforts vers le bien et votre incessante aspiration à la vérité, vous méritiez l'assistance de vos frères aînés chargés de vous instruire et de vous diriger.

Il nous reste maintenant à vous prévenir à nouveau des calamités et des fléaux qui doivent prochainement vous atteindre. La lutte entre les saines croyances et les vieux errements provoque dans l'astral des troubles profonds. Ces troubles auront une répercussion de plus en plus sensible sur le plan terrestre et y occasionneront des ébranlements pénibles et funestes. Dérangements dans la succession des saisons, tremblements de terre, inondations, maladies infectieuses, morts subites et imprévues, répandront parmi vous le deuil, la douleur et l'effroi.

L'antagonisme des idées ébranlera le monde moral jusque dans ses fondements, et le vieil édifice, construit sur les anciennes bases religieuses, s'écroulera avec fracas pour faire place au temple nouveau de la liberté et de l'amour.

Nous serons près de vous, amis, pendant ces jours néfastes et, au milieu de la poussière soulevée par ces ruines amoncelées, vous apercevez la douce lueur de nos flambes qui vous servira de guide et soutiendra votre énergie.

Que ceux qui ont foi en nos paroles viennent à nous dès maintenant et qu'ils s'efforcent d'établir avec l'Invisible des rapports suivis et fructueux.

Nous les aiderons doublement pendant les temps de lutte, car ce sera par leur entremise que nous pourrons soutenir et aider ceux de nos frères qui n'ont point encore détourné leur attention des choses de la vie passagère et illusoire.

Après le triomphe définitif des forces du bien, le calme renaîtra promptement. Le mal, terrassé, disparaîtra comme le brouillard se fond aux rayons du soleil levant. La fraternité universelle s'établira sur la terre régénérée. Tous, incarnés et désincarnés, unis désormais dans une même conception de l'*idéal*, une même application du *bien*, une même entente du *vrai*, marcheront, plus libres et plus conscients, vers le but final : l'Infini !

Amis, après avoir étudié la vie dans ses origines et dans on évolution à travers tous les états et toutes les formes de la matière, il nous reste à l'étudier dans sa dernière transformation sur les mondes lumineux, avant son entrée dans l'Infini.

Cette étude aura pour vous un double avantage. Elle détruira les fables et les légendes sur lesquelles s'est édifiée, chez tous les peuples, la croyance au bonheur futur. Elle donnera pour base à l'espérance humaine une certitude que le temps ne fera que croître et fortifier.

Les aperçus que nous allons vous donner, quoique forcément incomplets, n'en seront pas moins un réconfort pour ceux d'entre vous capables d'en goûter la saveur et d'en apppprécier l'importance.

L'image radieuse du bonheur qui nous attend au terme de notre évolution sera, pour eux, ce que serait pour de malheureux voyageurs, cheminant sous un tunnel obscur, la vue lointaine des clairs paysages et des champs ensoleillés où doit aboutir leur marche lente et pénible.

L'heure de la lumière sonne pour vous au cadran des Immensités. Le rayon qui vous l'apporte donnera, tout à la fois, la force aux âmes chancelantes et la *connaissance* aux intelligences avides de savoir.

De même que, dans la famille humaine, une mère prévoyante apprend ou fait apprendre successivement à chacun de ses enfants à connaître et à épeler les lettres et les mots de leur langue, afin de les mettre à même de puiser dans les livres les connaissances nécessaires ; de même aussi, dans la grande famille spirituelle, à mesure que les âmes parviennent au degré d'évolution voulu, les frères aînés s'empressent de mettre à leur portée le précieux alphabet de la langue des dieux et de leur apprendre à lire dans le livre de Vie pour qu'elles puissent en étudier les merveilleux secrets.

Nous avons vu, dans nos précédentes études, que, sur le plan spirituel, les Dualités travaillent avec acharnement à la reconstitution de leurs groupements, afin que leurs forces complétées leur permettent de monter sur un plan plus élevé que nous avons appelé le plan divin.

Sur les mondes dépendant de ce plan tout est clair, tout est lumineux; plus d'ombre pour cacher la lumière, plus de ténèbres pour abriter le vice. La beauté s'y montre sans voile, la vérité se comprend sans effort. Le périsprit, devenu transparent et diaphane, n'oppose plus d'obstacles au rayonnement de l'âme qui puise, dans les sources mêmes du fluide éthéré, la plénitude de la connaissance et du pouvoir.

Comment dépeindre cette intensité de vie qui ne connaît ni entraves, ni limites; qui porte, à la fois, la perception sur tous les points voulus; qui permet de s'assimiler instantanément le savoir spécial à chaque monde; de ressentir à volonté les émotions tristes ou joyeuses de leurs habitants; d'entendre leurs cris d'appel, d'exaucer leurs vœux, d'adoucir leurs souffrances, d'abréger leurs épreuves.

Faisant partie des Forces divines, ces frères glorieux peuvent, sans quitter leur séjour de bonheur, voler au secours des âmes en détresse, ranimer les courages chancelants, éclairer les intelligences, réchauffer les cœurs, stimuler les énergies et les orienter vers le but final.

Vous voyez que plus le savoir grandit, plus le pouvoir augmente, plus aussi deviennent effectifs les services que nous pouvons et devons rendre à nos frères.

Ce qui vous prouve que la loi fondamentale qui régit la création tout entière n'est autre que la loi solidaire avec ses conséquences logiques et naturelles : nous sommes aidés, secourus et protégés dans la mesure où nous aidons, secourons et protégeons nos semblables.

C'est du plan divin que sont descendus les grands instructeurs, fondateurs de religions qui, soit en Orient, soit en Occident, ont laissé de leur passage une trace si profonde et si lumineuse.

La mission de ces Êtres divins avait un double but : révéler aux âmes enfantines de la jeune humanité les préceptes de la morale éternelle et leur fournir un idéal élevé vers lequel pussent converger leurs prières et leurs aspirations ; prières et aspirations nécessaires à la formation des courants fluidiques permettant aux secours d'en haut de répondre aux appels d'en bas.

Le terme de notre évolution nous amènera tous un jour sur ce plan divin où nous trouverons la satisfaction de nos désirs, la réalisation de nos espoirs.

Ce sera pour nous dès lors : fête perpétuelle de l'intelligence par la vision constante de l'ineffable *beauté* et la compréhension facile de ses plus sublimes

manifestations ; fête éternelle du cœur par la possession du *bien* suprême dans lequel nous retrouverons,
avec nos affections passées, tous les cœurs aimés près
desquels les nôtres ont battu pendant le cours de nos
vies successives.

Et la certitude de l'infinie durée du bonheur enfin
conquis, en doublera le prix en en décuplant la va-
leur.

L'ignorance dans laquelle vous êtes actuellement,
concernant les états supérieurs de la matière, rend
plus difficile notre tâche d'instructeurs et augmente
la difficulté que vous éprouvez vous-mêmes à comprendre nos explications.

Comment, en effet, vous faire clairement saisir les
agissements de la vie sur des mondes si différents du
vôtre ? Mondes où plus rien d'opaque ou de lourd ne
subsiste ; où la matière, devenue fluide et transpa-
rente, prend *d'elle-même* la forme voulue par la volonté qui la dirige ; où, par la vue directe de la pensée,
les êtres se comprennent sans le secours de la parole ;
où l'intelligence perçoit et réalise, sans peine et sans
effort, les idéales conceptions de l'art et du génie
arrivés à l'extrême limite de la perfection !

Tout ce que, sur votre terre, la nature vous montre
de plus merveilleux ; tout ce que l'art a réalisé de
plus beau ; tout ce que l'imagination peut rêver de
plus enchanteur ; tout cela, en regard des ineffables
beautés du plan divin, peut se comparer à la nuit la
plus obscure en face du jour clair et brillant.

Jeux de lumières et de couleurs inconnues de vos

yeux charnels, dont les effets ravissants captivent l'attention et charment le regard, parfums subtils et délicats, exhalés de l'ambiance, faisant éprouver, par l'aspiration, de douces et agréables sensations. Célestes mélodies dues aux vibrations fluidiques, s'accordant pour effectuer l'harmonieux concert auquel participent tous les mondes avancés de la Création. Suaves émanations absorbées dans la joie par des Êtres vêtus de lumière et pénétrés d'amour dont les sens épanouis goûtent, de mille façons différentes, la plénitude de la jouissance et du plaisir.

Ces notions, tout incomplètes qu'elles sont, suffisent à vous donner un léger aperçu du bonheur qui doit être un jour notre partage.

La science des fluides vous étant encore inconnue, il nous est impossible de vous faire comprendre en quoi consiste le travail de pénétration que les Dualités doivent accomplir sur les mondes lumineux.

Toutefois, que ce mot de travail ne vous effraie pas ! Ni la souffrance, ni l'effort pénible n'ont accès dans ces régions bénies. C'est dans l'enivrement d'une joie sans mélange, au milieu de jouissances inconnues de vos sens imparfaits, que la flamme bleue de l'Idéal et la flamme rouge de la Volonté s'attirent, s'unissent, s'interpénètrent pour former la flamme blanche et pure de l'Unité.

Ce fusionnement des éléments constitutifs de l'âme a sa répercussion sur les forces de la matière. Mettant fin à leur état d'opposition, le positif et le négatif s'équilibrent en se fusionnant et, de cette union désormais complète et définitive, naît une force nouvelle dont les propriétés sont aussi étranges que merveilleuses.

Ainsi, pour la reproduction de la vie, les forces n'étant plus séparées, n'ont pas besoin de se rechercher dans des éléments étrangers. La matière épurée fournit les matériaux du corps lumineux de l'Androgyne qui se féconde elle-même en enveloppant de ses voiles transparents les flammes vives et scintillantes qui se pénètrent dans la splendeur de la lumière et de l'amour.

Les paroles du divin Instructeur Jésus : « *Il y a plusieurs demeures dans la maison de mon père,* » vous montrent que le plan divin n'est point l'unique séjour de la vie libre et heureuse.

En effet, dès que les forces de la Dualité ont achevé leur œuvre de pénétration et donné naissance à l'Unité, celle-ci quitte pour toujours les mondes fluidiques et s'élance dans le resplendissant foyer de l'Infini.

En traversant le premier degré, elle abandonne son périsprit, destiné à former de nouvelles dualités, et entre, joyeuse, dans le deuxième degré, poursuivant la recherche de l'*absolu* et de la perfection suprême, source de son éternel bonheur.

Le foyer de l'Infini étant encore pour nous un insondable mystère, nous ne pouvons nous faire une idée exacte des conditions de la vie arrivée à ce degré d'incomparable grandeur. Nous savons seulement que, par d'ineffables surprises, se révèlent à l'âme ravie les secrets profonds qui échappent à nos perceptions limitées. Elle comprend la raison d'être de cette merveilleuse création, sans commencement et sans fin. Elle apprend le secret de la formation des atomes et de la force qui, de l'Infini, les lance dans l'espace pour en accomplir la douloureuse traversée. Et surtout, surtout, elle acquiert la connaissance de la cause première, principe et source de toute vie, à qui nous devrons, après les courtes joies de nos vies terrestres, les bonheurs sans fin de nos vies futures.

Amis, l'œuvre qu'avec votre concours nous venons de mener à bonne fin est, sachez-le, l'œuvre de tous les temps et de tous les lieux.

Elle surgit sur chacun des mondes de l'espace au moment décisif où leurs humanités franchissent le pas qui sépare l'enfance de la virilité.

Renfermant en elle l'explication logique, quoique forcément restreinte, des secrets de la création, des problèmes de la vie, des mystères de l'au-delà, elle éclairera d'une lueur suffisante les futurs travaux des penseurs et des chercheurs du *vrai*.

Élaborée par des procédés nouveaux, elle vous prouve que les rapports entre le visible et l'invisible peuvent produire d'autres résultats que les élucubrations d'esprits frivoles et légers.

Elle vous prouve surtout la tendre sollicitude de l'Intelligence, directrice de l'Univers qui, par des voies différentes et des moyens toujours variés, sait répartir la force et la *lumière* sur les mondes en travail.

En effet, si vous consultez les annales de l'humanité, depuis ses origines jusqu'à nos jours, vous constaterez que tous les événements qui ont contribué à son évolution, toutes les inventions et les décou-vertes qui ont accéléré son progrès, ont toujours été dus à un apport d'intelligence et de lumière fait en dehors des règles ou de la mesure commune.

Honneur aux grands Instructeurs, nos frères aînés qui, en temps opportun, n'ont pas craint de revêtir la forme incommode et grossière du corps humain pour venir éclairer leurs jeunes frères et tracer la voie qui, seule, conduit au bonheur.

Honneur aux génies de tous les temps par qui s'est traduite l'inspiration des Esprits élevés pour répandre parmi vous le sentiment du *Beau*, l'amour du *Vrai*, le désir du *Bien*.

Honneur aux êtres de dévouements obscurs, de vertus modestes et cachées dont les pures émanations ont clarifié l'atmosphère fluidique qui vous entoure. C'est grâce à eux que l'inspiration divine peut enfin la pénétrer et venir inonder vos âmes de ses vivifiantes clartés.

Que l'exemple de vos devanciers stimule votre énergie et ranime votre courage !

Que, dès ce jour, l'oubli de vous-mêmes, le dévouement à vos semblables, la pitié compatissante pour ceux qui souffrent vous fassent marcher sur leur noble trace.

Vous vous préparerez ainsi aux sublimes fonctions que vous réserve l'avenir alors que, devenus plus que des hommes, c'est-à-dire des Dieux, vous seconderez les Forces divines et coopérerez avec elles à l'œuvre grandiose de la création.

Et maintenant que les élans de notre pensée nous

ont amenés en face de cet Infini où nous attendent, non plus les décevantes illusions des vies inférieures mais les consolantes réalités de la vie libre et triomphante, c'est sur son seuil béni que, clôturant notre enseignement, nous vous disons à tous, non pas, *adieu*, mais, *au revoir.*

UN DERNIER MOT DES MÉDIUMS
AUX LECTEURS

Nous pensons rendre service à ceux de nos frères qui travaillent sérieusement à développer leur vie spirituelle en leur faisant connaître à l'avance les peines et les épreuves que comporte ce développement.

Les voies qui s'ouvrent devant les âmes qui s'éveillent sont pleines de dangers et d'obstacles. Il est nécessaire que celles qui s'y engagent profitent de l'expérience de leurs devancières pour que la marche en avant de l'humanité ne soit ni entravée ni retardée.

Avant de parvenir au seuil de la vie supérieure, il faut avoir passé par le doute qui laisse l'âme inquiète et troublée en face de ses croyances détruites et de ses nouvelles convictions encore incertaines et voilées.

Il faut avoir fait une étude sérieuse et réfléchie sur les diverses formes qu'a revêtues le sentiment religieux à travers les âges ; avoir reconnu, dans leurs transformations progressives, l'action de l'Intelligence directrice de l'Univers qui sait répartir, en temps voulu, la dose de lumière et de vérité nécessaire au progrès de l'humanité.

Enfin, il faut avoir établi avec les frères aînés, *incarnés* ou *désincarnés*, des rapports suivis qui aident l'âme à sortir de son état d'ignorance, à se libérer des liens grossiers de la matière et lui ouvrent peu à peu de nouveaux et plus vastes horizons.

Ces conditions réalisées, l'Être se trouve prêt à franchir le pas qui doit le porter des plans inférieurs aux plans supérieurs. C'est alors que s'ouvre devant lui une période plus ou moins longue de souffrances et d'épreuves par lesquelles s'achève son épuration physique et mentale : douleurs du corps, angoisses du cœur, affaiblissement des forces physiques, tout se réunit pour accabler l'âme et la jeter dans la tristesse et le découragement. Les appels aux secours d'en haut ne paraissent plus être entendus. La protection de l'Invisible, dont elle a si souvent ressenti les effets, semble s'être éloignée d'elle et les voix intimes qui mainte fois ont relevé son courage abattu ne se font plus entendre que difficilement à son mental troublé et inquiet.

L'âme alors se sent comme abandonnée entre le monde visible, qui ne lui offre plus aucun attrait, et le monde invisible, qui semble rester sourd à ses appels.

Le jour vient enfin où les forces supérieures, n'étant plus entravées, peuvent commencer leur œuvre de rénovation. Se servant des forces secondaires, elles font pénétrer dans l'organisme un fluide pur et vivifiant. Ce fluide élimine les éléments impurs, active la circulation du sang, donne une vitalité nouvelle aux organes affaiblis.

Les sens internes, se mettant à fonctionner, peuvent enfin répondre aux vibrations des plans élevés. Alors peu à peu la Nature livre ses secrets. Elle fait connaître à l'Être étonné des états et des conditions de vie inconnus et insoupçonnés. Elle met à sa disposition des forces et des pouvoirs dont il doit apprendre à faire un bon usage. Les puissances de son âme lui sont révélées pour qu'il en use au profit de ses semblables ; mettant de côté tout sentiment d'égoïsme, il ne doit avoir en vue que le bien de ses frères et le progrès de l'humanité.

Et maintenant s'ouvre devant l'âme transformée une série de vies nouvelles à parcourir : vies toujours plus libres et plus conscientes qui l'amèneront, de progrès en progrès, de perfectionnement en perfectionnement, jusqu'au terme de son évolution. Elle sera digne alors de prendre part aux fêtes éternelles de l'Intelligence et du cœur qui se célèbrent dans l'Infini, au sein de la Lumière et de l'Amour.

Lyon, février 1907.

Saint-Amand (Cher). — Imprimerie Bussière.

REVUE SPIRITE

FONDÉE PAR ALLAN-KARDEC, EN 1858

Cinquantième année

Paraissant du 1er au 5 de chaque mois
(64 pages grand in-8° jésus)

France, un an. . . . . 10 fr.
Étranger . . . . 12 fr.
Outre-Mer . . . . 14 fr.

Demander le numéro spécial
édité pour le *Cinquantenaire de la Revue*
(96 pages)
16 PORTRAITS HORS TEXTE

Prix du numéro . . . . 2 fr. 50

Envoi gratuit du catalogue
sur demande

Centenaire d'Allan Kardec

Edition d'une carte postale en simili gravure
d'après un des meilleurs portraits du maître

Par unité . . . . 0 fr. 10
Par 12 . . . . 1 fr.
Par 25 . . . . 1 fr. 75
Par 50 . . . . 3 fr.
Par 100. . . . . 5 fr.
Au-dessus de cent, prix à débattre.

Objets propres à développer

OU A

développer les facultés médiumniques

Planchette à roulettes pour médiums écrivains,
franco . . . . 5 fr. 50

Planchette à billes servant simultanément soit pour l'écriture médiumnique, soit pour le Oui-ja. . . . . **10 fr.**

Plateau alphabétique dit Oui-ja.

En carton pliant. . . . . **5 fr.**
En acajou d'une seule pièce . . . . . . **15 fr.**
» pliant, *avec charnière* . . . **20 fr.**

Guéridon alphabétique pouvant servir aux lévitations ou au Oui-ja.

En sycomore verni . . . . **18 fr.**
En acajou verni . . . . **25 à 40 fr.**
Tablette-chariot, seule . . . **1 fr. 50 à 2 fr.**

Port de ces objets en plus.

Boules cristal aidant à la voyance. **5 à 20 fr.**

Piédestal-support, selon dimension, **1** franc à **1 fr. 50** chaque.

NOUVEAUTÉS

Aksakoff. — *Animisme* (nouv. édit.). **20** fr.

Barmold. — *La Religion du vrai* . . **2** fr. **50**

Clémens. — *Intervention des Invisibles.* **0** fr. **75**

Darcey. — *L'homme terrestre* . . . **2** fr. **50**

Dr E. Dupouy. — *Psychologie mor-bide.* . . . . **3** fr. **50**

Claire G. — *Souvenirs et Problèmes spirites.* . . . . **5** fr.

— *Amour et Maternité* . . . . . **3** fr. **50**

Malgras. — *Les Pionniers du spiri-tisme* . . . . **8** fr.

— *La Médecine des Esprits.* . . . **0** fr. **25**

Néva. — *Mes Pensées.* . . . . . **3** fr. **50**

Nveggerath. — *La Survie* (nouvelle édition). . . . . **3** fr. **50**

Oloar. — *Fraternité dans l'humanité.* **2** fr. **50**

Du Potet. — *L'Être suprême et ses lois* . . . . **0** fr. **60**

Rouxel. — *Rapports du magnétisme et du spiritisme.* . . . . **4** fr.

— *Trois dualités.* — *Nouveaux entre-tiens spirites* . . . . **1** fr.

Ouvrages recommandés

Léon DENIS

Après la mort . . .. 2 fr. 50
Christianisme et Spiritisme . . . . 2 fr. 50
Dans l'Invisible . . . . 2 fr. 50
Pourquoi la vie . . . . 0 fr. 10

W. CROOKES

Recherches sur les phénomènes du spiritualisme suivis de ses récents discours. . . . . 3 fr. 50

KATRE-KING

Histoire de ses apparitions . . . . 2 fr.

De ROCHAS

Frontières de la science, 1re partie. . **2 fr. 50**
    2e partie. . . . . **3 fr. 50**

VAN DER NAILLEN

Dans les Temples de l'Himalaya . . **3 fr. 50**
Dans le sanctuaire . . . . **3 fr. 50**
Balthazar le Mage . . . . **3 fr. 50**

Eugène NUS

Les Grands Mystères . . . . **3 fr. 50**
A la recherche des destinées. . . . **3 fr. 50**
Nos bêtises. . . . . **3 fr. 50**
Vivisection du catholicisme . . . . **2 fr. 50**

STAINTON MOSES

Enseignements spiritualistes. . . . **5 fr.**

MISTRESS CROWE

Côtés obscurs de la nature ou fantômes
    et voyants : . . . . **5 fr.**

Dr DUSSART

Rapport sur le Spiritualisme fait par
le comité de la Société chalectique
de Londres . . . .   5 fr.

SAGE

Mme *Piper, médium américain* . . .   3 fr. 50
La *Zône frontière entre ce monde et*
l'au-delà. . . . .   3 fr. 50
Le *sommeil naturel et l'hypnose.* . .   3 fr. 50

DELANNE G.

Le *Problème spirite.* . . . .   2 fr.
L'Evolution animique . . . .   3 fr. 50
L'Ame est immortelle . . . .   3 fr. 50
Le *Spirisme devant la science* . . .   3 fr. 50
Recherches sur la médiumnité . . . .   3 fr. 50

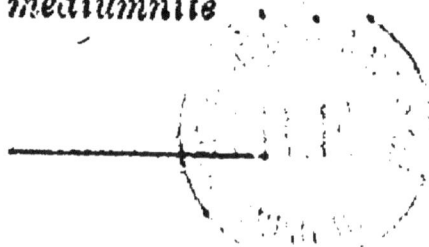